Véronique Benoist

A Dorling Kindersley Book

Titre original : *My Science Book of Growth*

Texte français établi par :
Micheline Servin

Photographies :
P. Gardner

Édition française :
© Bordas, Paris, 1992
ISBN 2-04-019442-8
Dépôt légal 1re édition : janvier 1992
Dépôt légal réimpression : janvier 1993
Dépôt légal réimpression : février 1994
Imprimé en Belgique

Le petit chercheur

LES PLANTATIONS

BORDAS
JEUNESSE

N. Ardley

La croissance des plantes

Tout ce qui est vivant pousse grâce à la nourriture. Tu grandis parce que tu manges. Tu te nourris d'animaux et de plantes ; les animaux, d'autres animaux et de plantes. Mais, que « mangent » les plantes ? Les plantes vertes fabriquent elles-mêmes leur nourriture avec l'air, l'eau et le soleil. Elles développent des tiges, des feuilles, ou des fleurs et des fruits. Les arbres poussent à partir de graines et deviennent parfois immensément grands.

La vie sur la Terre
Sans plante, pas de vie sur Terre ! En effet, elles produisent la plus grande partie de l'oxygène indispensable à la vie des êtres humains.

Arrose tes plantes
Les plantes ont besoin d'eau. Sans eau, elles cessent de pousser et meurent.

Les plantes utiles
Ce garçon porte un vêtement en coton. Ce textile provient d'une plante tropicale. Les pages du livre qu'il lit contiennent des fibres issues du bois, donc des arbres.

Le géant des arbres

Les séquoias sont les géants du monde vivant. Leur hauteur peut atteindre 110 mètres. Même cet arbre pousse à partir d'une graine! Il multiplie donc son poids initial par environ 1 million de millions.

Une nourriture saine

Légumes et fruits sont des aliments sains, produits par des plantes. La plupart des aliments qui nous aident à grandir sont issus des plantes.

⚠ Ce signe veut dire **attention**. Si tu le rencontres au cours d'une expérience, demande à un adulte de t'aider.

Prudence!
Suis scrupuleusement les instructions et sois très prudent si tu utilises des objets en verre, des ciseaux, des allumettes, des bougies ou l'électricité.

Ne mets rien dans ta bouche, ni dans tes oreilles ou dans tes yeux. Si tu ne veux pas perdre tes plantations, tu peux les mettre en pots ou dans un jardin.

Comment poussent-t-elles ?

Beaucoup de plantes naissent de graines issues de plantes adultes. Un « haricot blanc » est la graine du haricot. Observe comment un haricot blanc commence à pousser, on dit « germer », puis comment il devient un nouveau plant de haricot.

Il te faut :

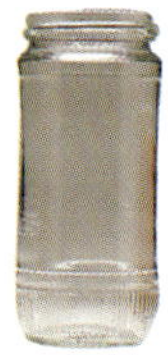

Un grand bocal en verre

Un pot d'eau

Des serviettes en papier

Un saladier plein d'eau

Des haricots en grain

1 Fais tremper des haricots en grain pendant une nuit.

2 Roule ensemble plusieurs serviettes en papier. Place-les dans le bocal.

3 Introduis un ou plusieurs haricots (jusqu'à quatre) entre le papier et la paroi du bocal.

Les serviettes en papier absorbent l'eau.

4 Verse suffisamment d'eau pour bien humidifier les serviettes. Pose le bocal dans un endroit chaud.

5 Deux jours plus tard, une petite racine apparaît dans une fissure de la graine.

La graine contient les éléments nutritifs nécessaires à la pousse de la nouvelle plante.

Ajoute de l'eau pour que le papier reste humide.

6 Deux jours plus tard, la radicule grandit vers le bas et une petite pousse, la « tigelle », sort de la graine.

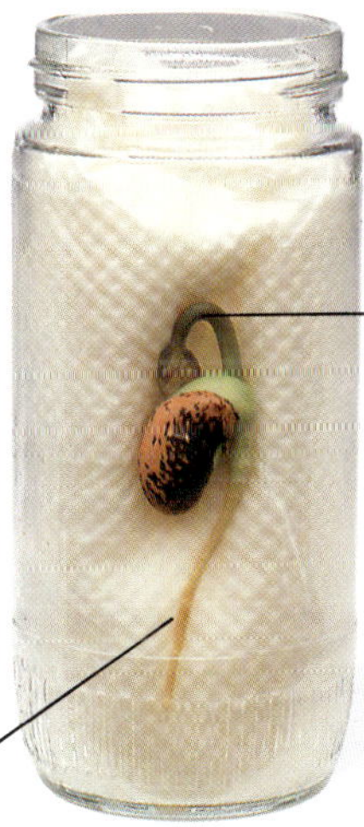

La tigelle grandit vers le haut. Elle cherche la lumière.

La radicule grandit vers le bas. Elle cherche l'eau.

A partir du moment où une jeune plante a des feuilles, elle peut produire ses propres éléments nutritifs (voir p. 23).

De petites racines se sont développées à partir de la radicule.

7 La croissance de la jeune pousse est très rapide. En dix jours, la nouvelle plante développe déjà des feuilles.

Semer

Ce fermier sème à la volée des graines dans un champ. Si les conditions sont favorables, les graines germeront. De nouvelles plantes pousseront là où elles se sont posées.

Les besoins de la plante

Qu'est-ce qui provoque la germination d'une graine ? Découvre-le en en faisant germer ! Il leur faut de l'eau, l'oxygène de l'air et de la chaleur. Elles pousseront très vite et donneront de nouvelles plantes.

Il te faut :

Trois soucoupes

Un pot d'eau

Des serviettes en papier

Des graines de haricots mungo

Un saladier en verre rempli d'eau

1 Fais tremper les graines pendant une nuit. Ensuite, égoutte-les et rince-les.

2 Pose plusieurs serviettes dans chaque soucoupe.

Ajoute chaque jour un peu d'eau. Les graines doivent être toujours humides.

3 Humidifie les serviettes de la première soucoupe.

4 Pose quelques graines sur les serviettes de chacune des trois soucoupes.

5 Verse doucement de l'eau dans la deuxième soucoupe. Fais attention : l'eau doit recouvrir les graines.

Ajoute chaque jour de l'eau dans la soucoupe, pour recouvrir les graines.

Les graines qui n'ont pas été humidifiées ne changent pas d'aspect. Elles ne germent pas.

6 Laisse les soucoupes dans un endroit chaud pendant cinq jours. L'aspect des graines dans les trois soucoupes sera différent.

Ces graines germent et se développent en de jeunes semis de haricots mungo parce qu'elles disposent d'eau et d'air.

Les graines immergées ont commencé à germer mais, parce qu'elles n'ont pas assez d'air, elles cessent vite de pousser.

L'arrosage des cultures

Les graines ont besoin d'eau pour germer et les plantes pour pousser. Dans les régions où il ne pleut pas assez, les agriculteurs doivent arroser les cultures pour les empêcher de mourir. On appelle cela l'irrigation.

La pousse sans lumière

Les graines ont-elles toujours besoin de lumière pour pousser ? Essaie de faire germer des graines dans le noir !

Il te faut :

Des graines de moutarde

Un couvercle

Des serviettes en papier

Un pot d'eau

Une grande tasse

1 Plie une serviette en papier humidifiée et mets-la dans le couvercle.

2 Pose délicatement quelques graines sur la serviette.

Vérifie chaque jour que les graines ont suffisamment d'eau. La serviette en papier doit toujours être humide.

3 Recouvre les graines avec la tasse, elles seront à l'abri de la lumière. Place-les au chaud.

État de la pousse après cinq ou six jours.

4 Les graines germent et commencent à pousser malgré l'obscurité. Mais elles ont désormais besoin de lumière sinon elles mourront.

Les bulbes
On plante les bulbes dans la terre. Les racines s'enfoncent dans le sol. Puis, les premières pousses sortent. Elles grandissent vers la lumière.

Trop froid pour pousser !

Pourquoi les plantes ne poussent-elles pas sur les sommets enneigés ? Tu le sauras en essayant de faire germer des graines dans un endroit froid.

Il te faut :

Des graines de moutarde

Un couvercle

Des serviettes en papier

Un pot d'eau

1 Plie une serviette mouillée pour la mettre dans le couvercle.

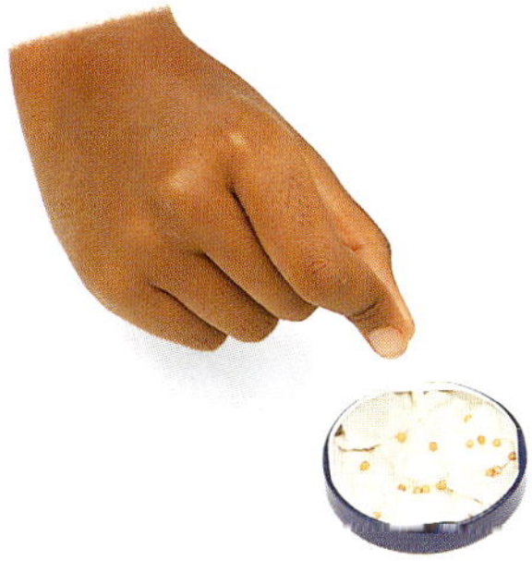

2 Dépose avec précaution quelques graines sur la serviette.

Veille à ce que les graines soient toujours humides.

3 Mets le couvercle dans le réfrigérateur. Attends quelques jours.

4 Dans le froid, les graines ne germent pas. Il leur faut de la chaleur.

Les graines ont le même aspect que lorsque tu les as mises dans le réfrigérateur.

Le désert de glace

Les graines ont besoin de chaleur pour germer. Tu ne vois aucune plante sur cette photographie de l'Antarctique. Il fait beaucoup trop froid pour qu'elles poussent.

La plante dans le labyrinthe

Force une pousse de haricot à trouver son chemin dans un labyrinthe. La plante a besoin de lumière. Après avoir absorbé les substances nutritives de la graine, la plante utilise la lumière pour produire sa nourriture.

Il te faut :

Deux rectangles de carton

Un pot de fleurs plein de terreau

Une boîte en carton

Des ciseaux

Un pot d'eau

Une graine de haricot grimpant

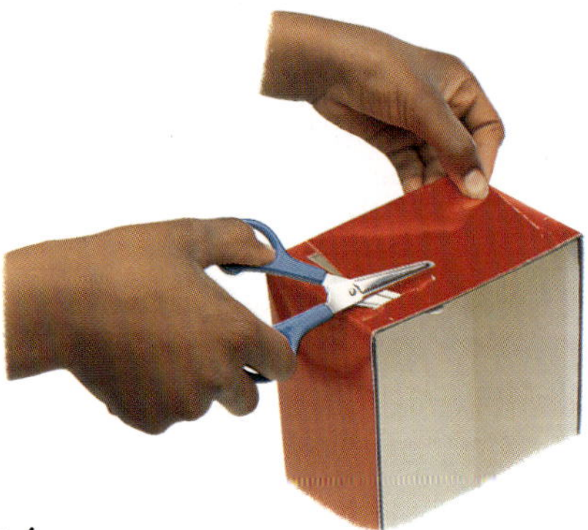

1 Découpe une ouverture dans le haut de la boîte en carton.

2 Découpe une fenêtre dans chaque rectangle de carton.

3 Plante la graine de haricot dans le terreau. Arrose bien.

4 Pose la boîte dans le sens de la hauteur. Fixe l'un des rectangles en carton au tiers de la hauteur. Place le pot de fleurs sur le fond de la boîte.

Le pot doit se trouver à l'opposé de la fenêtre percée dans la paroi de séparation.

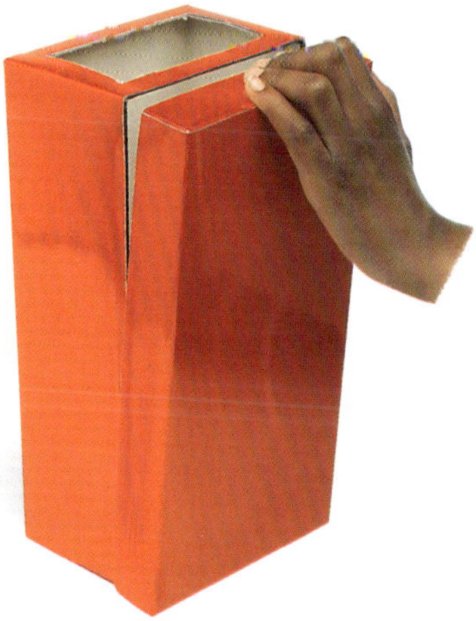

5 Ferme la boîte. Place-la au chaud et à la lumière. Le terreau doit être humide.

Comme précédemment, place la fenêtre à l'opposé de la tête de la plante.

6 Quand la pousse franchit la première fenêtre, mets en place la seconde séparation en carton.

La plante grandit vers la lumière qui arrive par l'ouverture du haut de la boîte en carton.

7 La plante pousse maintenant dans l'autre sens. Elle franchit les fenêtres du labyrinthe pour aller vers la lumière.

Les grands arbres

Les arbres de cette forêt poussent très haut pour trouver la lumière. Chaque arbre cherche à grandir davantage que son voisin pour recevoir toute la lumière qui lui est vitale. Les arbres ont besoin de lumière pour assurer leur subsistance.

Un haricot intelligent

Une graine différencie-t-elle le haut du bas ? Place les radicules de pousses de haricots vers le haut. Observe leurs réactions.

Il te faut :

Un bocal en verre

Un pot d'eau

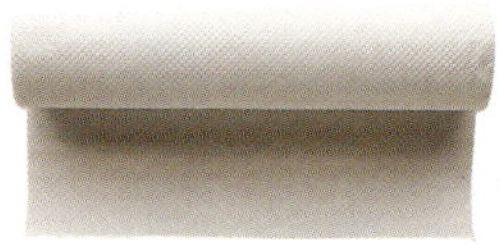

Des serviettes en papier

Un saladier d'eau

Deux graines de haricots grimpants

Le sens dans lequel tu places les graines n'a pas d'importance.

1 Fais tremper les graines une nuit. Place les serviettes mouillées dans le bocal. Glisse les graines contre la paroi.

Le papier doit être toujours humide.

2 Après trois ou quatre jours, des radicules poussent vers le bas. Une tigelle sort de la graine.

3 Quand les radicules mesurent environ 3 cm, ferme le bocal avec son couvercle. Puis renverse-le.

Les tigelles modifient leur sens de pousse pour aller vers la lumière. Elles grandissent contre la pesanteur.

Les racines poussent vers le bas. Elles sont soumises à la pesanteur.

4 Quelques jours plus tard, les radicules et les tigelles changent de sens !

Une carotte astucieuse

Sais-tu que lorsque tu manges des carottes, ce sont les racines que tu consommes ? Avec un petit morceau de carotte, tu peux en faire pousser une nouvelle. Voilà une plante astucieuse !

Il te faut :

Une carotte nouvelle crue

Un couteau

Une soucoupe

Un pot d'eau

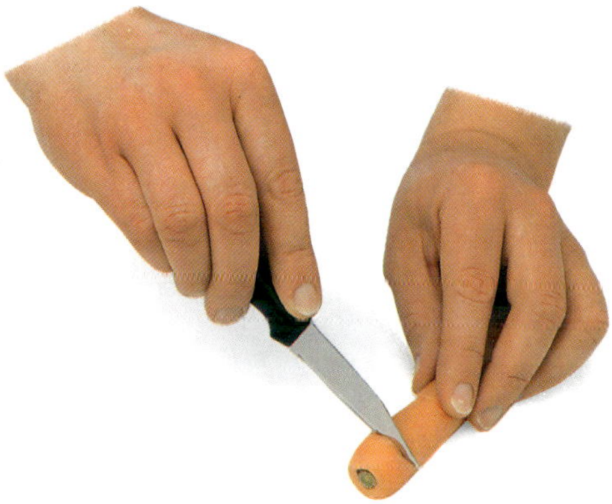

1 ⚠ Demande à un adulte de couper une carotte à 3 cm du haut de la carotte.

Ajoute de l'eau quand le niveau baisse.

2 Pose le petit morceau de carotte sur une soucoupe. Verse un peu d'eau. Laisse la soucoupe pendant une semaine dans un endroit chaud et éclairé.

Les carottes gardent des réserves de nourriture dans leur grosse racine. Elles peuvent donc survivre pendant l'hiver.

3 De nouvelles feuilles poussent sur le collet. Tu peux faire la même chose avec des navets ou des betteraves.

Les boutures

Les plantes poussent-elles seulement à partir de graines ? Pour le savoir, fais une « bouture » : prélève une tige de la plante qui développera ses propres racines. Essaie de la faire pousser.

Il te faut :

Un géranium adulte

Un élastique

Un sécateur

Un pot de terreau

Un sac en plastique transparent

Point de jonction de deux tiges.

1 ⚠ Repère une belle tige portant uniquement des feuilles. Coupe-la là où elle croise une tige plus grosse.

Enlève les toutes petites feuilles de la bouture.

La bouture doit mesurer environ 8 cm.

2 Creuse un trou dans le terreau pour planter la bouture.

N'enlève le sac que lorsque la bouture commence à pousser. Il faut l'arroser régulièrement.

Ferme le sac avec un élastique.

3 Recouvre le pot avec le sac en plastique. Laisse-le dans un endroit chaud mais à l'abri du soleil.

La bouture développe ses propres racines. Elles absorbent l'eau et les sels minéraux du terreau.

4 Il faut environ six semaines pour que la bouture devienne un nouveau géranium.

Les fraisiers rampants

Ce ne sont pas des graines qui donnent naissance aux fraisiers. Chaque plante adulte développe des sortes de tiges, les « stolons ». Toi aussi tu peux cultiver des fraisiers.

Il te faut :

Un fraisier adulte planté dans un pot

Un pot de fleurs

Du terreau

Un pot d'eau

1 Mets le terreau dans le pot de fleurs.

2 Repère un stolon sur lequel poussent de jeunes plantes. Plantes-en une dans le pot. Arrose bien.

3 Quelques semaines plus tard, la jeune plante a développé ses propres racines. C'est un nouveau fraisier. A son tour il produira des stolons.

La puissance des racines

Les plantes enfoncent leurs racines dans la terre pour trouver l'eau dont elles ont besoin pour grandir. Les racines absorbent des sels minéraux qui facilitent la croissance. Leur puissance est grande. Elles peuvent même briser des objets !

Il te faut :

Une demi-coquille d'œuf vide

Un coquetier

Des graines de souci

Un pot d'eau

Du terreau

Une soucoupe

Une cuillère

1 Remplis presque jusqu'au bord la coquille d'œuf avec du terreau.

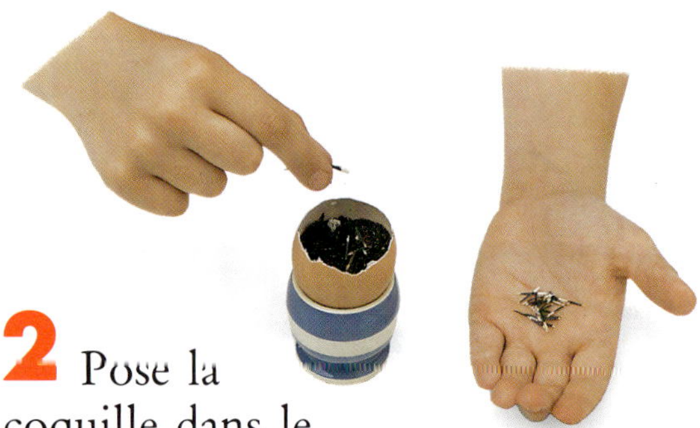

2 Pose la coquille dans le coquetier. Mets quelques graines sur le terreau.

3 Pose le coquetier sur la soucoupe, recouvre les graines avec un peu de terreau.

4 Place le coquetier dans un endroit chaud et clair. Arrose le terreau chaque jour.

Fais attention à ce que le terreau ne soit jamai trop mouillé

5 Au bout de quelques jours, les graines germent et des tigelles apparaissent. Laisse-les grandir.

Les jeunes tiges poussent vers le haut, vers la lumière.

6 Environ cinq semaines plus tard, la coquille commence à se fendiller. Puis les racines des soucis cassent la coquille pour sortir.

Les racines continuent de grandir vers le bas pour trouver l'eau et les sels minéraux.

Les briseurs de pierre

Souvent les pavés ou les pierres au pied des arbres sont soulevés. Il arrive qu'ils se fendillent. Les racines des arbres ont la force de se frayer un chemin sous des pierres. Elles peuvent provoquer des dégâts.

L'eau et la fleur

Quelle est la quantité d'eau indispensable à une plante pour qu'elle ne meure pas ? En arrosant une fleur avec une eau colorée, tu verras comment les tiges irriguent la plante.

Il te faut :

Un vase étroit rempli d'eau

Une fleur blanche, fraîche

De l'huile alimentaire

De l'encre ou un colorant

Un élastique

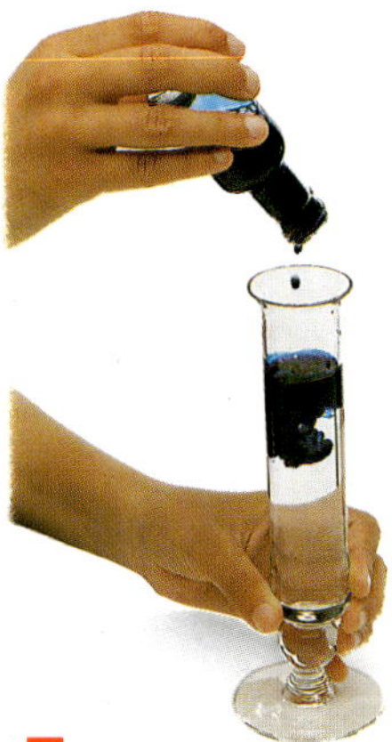

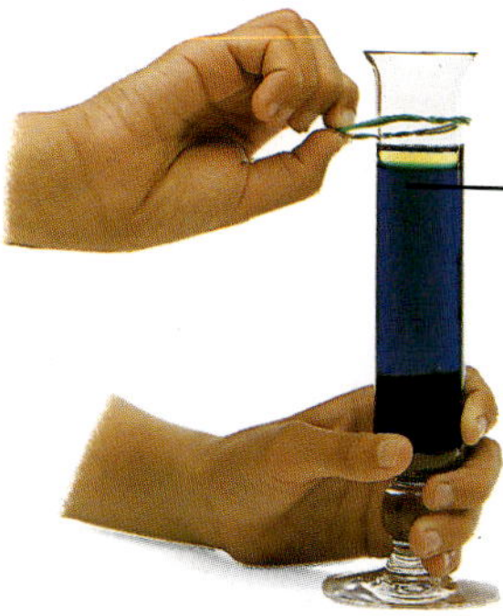

L'huile reste à la surface de l'eau. Elle l'empêche de s'évaporer.

1 Verse quelques gouttes de colorant dans l'eau du vase.

2 Ajoute avec précaution un peu d'huile. Passe l'élastique autour du vase.

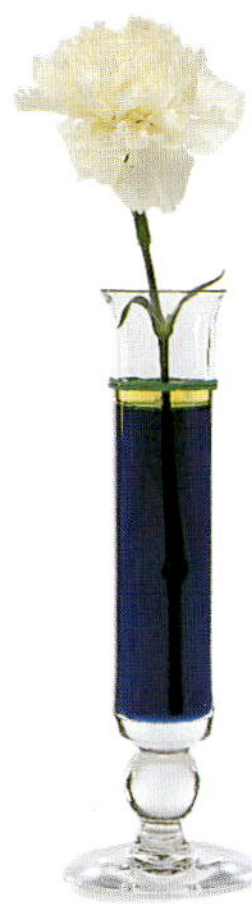

3 Mets la fleur dans le vase. Place l'élastique au niveau de l'huile.

La tige conduit l'eau dans les pétales. Ils se colorent.

4 Laisse la fleur au chaud deux jours au minimum.

La fleur a absorbé cette quantité d'eau.

Les plantes du désert

Les cactus peuvent vivre dans le désert. Ils aspirent l'eau du sol et la gardent pour s'alimenter.

La plante fait des bulles

Les plantes absorbent de l'eau et du gaz carbonique, le « dioxyde de carbone », puis, avec la lumière, elles les transforment en éléments nutritifs. C'est la « photosynthèse ». Découvre comment cela libère également de l'oxygène.

Il te faut :

Un saladier plein d'eau

Un pot d'eau

Un bocal en verre

Du carton

Des herbes aquatiques

1 Mets les herbes dans le bocal. Remplis-le d'eau.

2 Maintiens le carton contre l'ouverture du bocal. Renverse-le dans le saladier. Par un mouvement glissé, retire le carton.

3 Place le saladier dans un endroit bien éclairé.

4 De petites bulles se forment sur les feuilles et montent vers le haut du bocal.

Le jardin intérieur

N'aimerais-tu pas avoir ton jardin intérieur ? Il ne te prendra pas beaucoup de place puisque tu peux le faire dans un simple bocal. Il te faudra y mettre ce qui est nécessaire aux plantes pour vivre.

Il te faut :

Un grand bocal avec un couvercle

Une cuillère

Des petits cailloux

Du charbon de bois

Du terreau

Un vaporisateur rempli d'eau

Des petites plantes

1 Couche le bocal. Dépose sur le fond une couche de cailloux.

2 Ensuite, recouvre les cailloux d'une couche de charbon de bois.

3 Puis, par petites cuillerées, ajoute une couche de terreau.

4 Creuse de petits trous dans le terreau. Place une plante dans chaque trou. Recouvre les racines de terreau.

5 Ensuite, pulvérise de l'eau sur les plantes. Deux ou trois pulvérisations suffisent.

Si, le lendemain, il n'y a pas de gouttelettes d'eau sur la paroi interne du bocal, vaporise de nouveau.

S'il y a des gouttelettes sur la paroi interne du bocal, laisse-le ouvert pendant une journée.

Les plantes disposent de l'eau, de l'air, de la lumière et de la chaleur indispensables à leur croissance.

6 Ferme le bocal. Installe ton jardin dans un endroit chaud et clair, à l'abri du soleil.

La culture en serre

Les plantes poussent bien en serre. Les parois en verre les protègent du froid mais laissent passer les rayons solaires, sources de lumière et de chaleur.

Jouer avec la levure

Et si tu t'amusais avec de la levure ? La levure est une sorte de champignon. A la différence des plantes vertes, les champignons ne fabriquent pas leur nourriture. Il faut les nourrir. Ajoute du sucre à la levure, elle gonflera.

Il te faut :

Un ballon

150 ml d'eau chaude

Une bouteille à goulot étroit

Trois petites cuillerées de levure

2 cuillerées de sucre

1 Mets la levure et le sucre dans une bouteille. Verse doucement l'eau chaude.

2 Fixe le col du ballon sur le goulot de la bouteille.

3 Dans les heures qui suivent, le ballon se met à gonfler et le liquide devient mousseux.

La fabrication du pain
On fait du pain avec de la levure. Le sucre de la farine, mélangé à la levure, produit du gaz carbonique : la pâte lève avant la cuisson.

Un dessin avec des spores

Les champignons ne donnent pas de graines. Comment poussent-ils ? Les spores assurent la reproduction des champignons. Ils sont portés par l'air et quand ils retombent donnent naissance à de nouveaux champignons.

Il te faut :

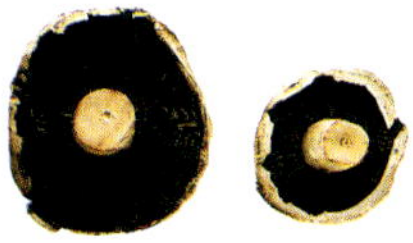

Des champignons bien mûrs avec des lamelles brunes

Une feuille de papier

1 Détache le pied des champignons et pose les chapeaux sur le papier. Ne touche à rien pendant un ou deux jours.

Les empreintes sont constituées par de minuscules spores. Ils sont tombés des lamelles qui tapissent l'intérieur du chapeau du champignon.

2 Soulève délicatement les chapeaux. Chacun laisse sur le papier des traces brunes qui forment des dessins.

Les vesses-de-loup

Les vesses-de-loup sont des champignons. Quand elles reçoivent de la pluie, elles émettent de tout petits nuages de spores. L'air déplace les spores. Ils donnent de nouvelles vesses-de-loup là où ils se sont posés.

La moisissure magique

Crée des moisissures. Les moisissures sont des champignons qui apparaissent là où des spores se sont posés. (L'air contient des spores microscopiques.)

Il te faut :

Un pot d'eau

De l'eau de Javel

Un plat en verre

De la cellophane

Trois tranches de pain

1 Il te faut deux tranches de pain frais et une de pain sec.

2 Verse un peu d'eau sur une tranche de pain frais.

3 ⚠ Demande à un adulte de verser un peu d'eau de Javel sur l'autre tranche de pain frais.

4 Pose les deux tranches de pain humidifiées dans le plat. Ferme-le avec de la cellophane et laisse-le au chaud plusieurs jours.

Pain sec

Pain imbibé d'eau de Javel

Pain moisi

5 Trois jours après, des moisissures se développent sur la tranche imbibée d'eau. Il n'y en a pas sur la tranche imbibée d'eau de Javel ni sur le pain sec.

6 Quelques jours après, les moisissures sur le pain imbibé d'eau ont grandi. Observe les autres tranches.

L'eau de Javel, un désinfectant, tue les spores. Aucune moisissure ne se développe.

a moisissure commencé à pousser à endroit où il était resté un u d'eau dans le pain sec.

Nouveaux spores de moisissure.

L'humidité et la chaleur aident la moisissure à se nourrir du pain. La moisissure peut donc se développer.

Auteurs des illustrations
(abréviations utilisées pour les illustrations : B=bas, C=centre, G=gauche, D=droite, H=haut).

The Anthony Blake Photo Library / Gerrit Buntrock : 9BD; J. Allan Cash Limited : 26BG; Bruce Coleman Limited / Gene Ahrens : 7HD; Pete Gardner : 6CD, 6BG, 7CG, 21BD; Robert Harding Picture Library : 25BD; The Image Bank : 11BD, 22BG; Oxford Scientific Films / Michael Ogden : 27BG; Photos Horticultural / Michael & Lois Warren : 12BG; Science Photo Library / European Space Agency : 6HG; Seaphot Limited / Planet Earth Pictures : 13BD; Spectrum Colour Library : 15BD.

Recherche graphique : Paula Cassidy et Rupert Thomas

Photo de couverture : David King